ÉTUDE

SUR

QUELQUES LOIS RÉCENTES

RELATIVES A LA

RÉPRESSION DES DÉLITS

COMMIS HORS DU TERRITOIRE

PAR

Louis RENAULT

PROFESSEUR AGRÉGÉ A LA FACULTÉ DE DROIT DE PARIS
PROFESSEUR DE DROIT INTERNATIONAL A L'ÉCOLE DES SCIENCES POLITIQUES

Extrait du *Bulletin de la Société de législation comparée*
(Juin 1880)

PARIS
A. COTILLON ET Cie, ÉDITEURS, LIBRAIRES DU CONSEIL D'ÉTAT
24, rue Soufflot, 24

1880

ÉTUDE

SUR

QUELQUES LOIS RÉCENTES

RELATIVES A LA

RÉPRESSION DES DÉLITS

COMMIS HORS DU TERRITOIRE.

Les changements opérés au cours de ce siècle par l'emploi de la vapeur dans les communications maritimes, fluviales ou terrestres, ont eu des conséquences importantes et diverses pour les rapports des parties d'un même État entre elles et surtout pour les rapports internationaux. Les États les plus éloignés ont été mis en communication, et des résultats considérables, au point de vue politique et économique, ont été produits. Le Droit a subi le contre-coup de ces changements. Des situations nouvelles sont nées par suite des relations devenues de plus en plus nombreuses entre citoyens de différents pays : les conflits de lois, fréquents autrefois dans l'intérieur d'un même pays, tendent à disparaître, pour faire place à l'unité législative, mais sont remplacés par les conflits des lois des divers États. Les législateurs s'en sont en général peu préoccupés ; ils n'ont rien changé aux quelques règles brèves et rares posées dans les anciens Codes et ils ont laissé à la doctrine et à la jurisprudence le soin de les approprier à des situations souvent toutes différentes de celles qui existaient lorsque ces règles ont été écrites. Les diplomates se sont également tenus sur la réserve et les conventions internationales qui touchent au droit privé sont assez peu nombreuses.

C'est dans le domaine du droit pénal que l'influence du changement s'est fait le plus directement sentir. Quand les États vivaient presque isolés, qu'on allait difficilement et rarement d'un pays à l'autre, qu'on ignorait ce qui arrivait au-delà de la frontière, la justice pénale ne s'occupait que de ce qui se passait sur le territoire où elle commandait et où elle devait maintenir l'ordre. Elle ne demandait compte ni aux étrangers ni aux nationaux de ce qu'ils avaient pu faire au dehors. Cet état de choses n'a pu subsister. « Avec la perfection des voies de communication, il faut en conve- « nir, les malfaiteurs ont rencontré des facilités que le passé ne « leur offrait pas, et la vapeur, les chemins de fer deviendraient « leurs complices, s'il n'était pas possible qu'au point où ils les dé- « posent, la justice sociale pût intervenir pour les rendre à la juri- « diction qui doit prononcer sur leur sort » (1). Il convient d'observer qu'à ces facilités matérielles s'en sont ajoutées d'autres, que les mesures de précaution et de surveillance, prises autrefois par chaque État à sa frontière, sont devenues gênantes ou impraticables; c'est ainsi que, dans la plupart des pays, la formalité des passeports n'est plus exigée, sauf dans des circonstances exceptionnelles. Ici les pouvoirs publics sont intervenus parce qu'il s'agissait d'un intérêt de premier ordre à sauvegarder. Il fallait que l'abaissement des barrières matérielles et légales, qui séparaient autrefois les nations, n'eût pas pour résultat d'augmenter le nombre des crimes et des délits en faisant espérer l'impunité aux coupables. On a considéré qu'il était du droit et du devoir de chaque État de ne pas borner son attention aux faits délictueux commis sur son territoire, mais de contribuer pour sa part à la répresssion des faits commis au dehors. Ce résultat est atteint suivant les cas, par deux procédés différents : l'État, qui a en son pouvoir des individus accusés d'avoir délinqué au dehors, les livre à l'État sur le territoire duquel les infractions ont été commises, ou les juge lui-même. L'extradition et la juridiction extra-territoriale se combinent donc en vue d'assurer de plus en plus le respect du droit.

Je ne veux pas examiner dans son ensemble l'important problème de la juridiction extra-territoriale (2), mais seulement appeler l'attention sur quelques lois récentes (3) qui se sont proposé de la régler. Je comparerai les solutions admises par notre loi française du 27 juin 1866 à celles de ces lois, et j'espère que ce rapprochement ne sera pas sans utilité.

(1) Jules Favre, séance du Corps législatif du 28 février 1866.

(2) V. Ortolan, *Éléments de droit pénal*, n°s 880-955.—Valette, *Mélanges*, 2e vol., p. 295-309 (il discute les projets de réforme du Code d'instruction criminelle). — Ch. Brocher, *Étude sur les conflits de législation en matière de droit pénal* (*Revue de droit international*, 1875, 23-57). — P. Fiore, *Traité de droit pénal international et de l'extradition*, trad. par Ch. Antoine, 1re partie, p. 1-284.

(3) V. dans la *Revue de droit international*, 1879, 302-319, un *Aperçu historique de diverses législations modernes en matière de délits commis à l'étranger*, par P. Fiore; il n'y est pas question des trois lois dont je parlerai surtout, c'est-à-dire du Code pénal hongrois, de la loi belge de 1878, de la loi luxembourgeoise de 1879.

Avant d'entrer dans l'examen des dispositions elles-mêmes, je dois donner quelques détails sur la nature des lois qui les contiennent.

Le *Code pénal hongrois* est du 29 mai 1878 (1); c'est le premier qu'ait la Hongrie. A l'imitation du Code pénal allemand (2), il s'occupe de *l'effet de la loi quant au territoire et quant aux personnes* (1re partie, 2e section, art. 5-19), tandis que, dans d'autres législations, c'est le Code d'instruction criminelle qui contient les règles à ce sujet. Il est à peine besoin de faire remarquer que ces dispositions touchent au fond du droit, à la nature même de la loi pénale, et que, par suite, elles sont naturellement à leur place au début d'un *Code pénal.* — En Autriche, un projet de Code pénal, soumis à la Chambre des députés par M. Glaser en 1874 (3), contenait des règles utiles à rapprocher de celles qui ont été adoptées par l'autre moitié de la monarchie (art. 4 et suiv.). Il est bon d'observer qu'au point de vue du droit pénal, la Hongrie est pays étranger (Ausland) pour l'Autriche et réciproquement (Code pénal hongrois, art. 5 et 6; projet autrichien, art. 3).

La Belgique avait conservé notre Code pénal et notre Code d'instruction criminelle; une loi du 30 décembre 1836 avait modifié l'article 7 de ce dernier Code et augmenté le nombre des cas où la loi belge réprimait les faits commis au dehors. En 1867, un Code pénal fut promulgué, mais sur la question qui nous occupe, il se bornait à dire : « l'infraction commise hors du territoire du royaume, par « des Belges ou des étrangers, n'est punie en Belgique que dans les « cas déterminés par la loi » (art. 4); le droit antérieur était donc maintenu. Depuis longtemps, on prépare un *Code de procédure pénale* dont le *titre préliminaire* forme la loi du 17 avril 1878 (4) : le chapitre II de ce titre a pour rubrique : *De l'exercice de l'action publique à raison des crimes ou des délits commis hors du territoire du royaume* (art. 6-14); les articles 5 et 6 du Code d'instruction criminelle restés en vigueur, la loi du 30 décembre 1836 y ont été refondus avec quelques modifications et additions dont je parlerai; mais le caractère de la législation antérieure n'a pas été sensiblement altéré.

Le grand-duché de Luxembourg a un nouveau Code pénal, en

(1) V. l'analyse de ce Code par M. Martinet (*Bulletin de la Société de législation comparée*, 1879, p. 205 et suiv.); ce Code ne s'applique pas à la Croatie et à la Slavonie (art. 5, al. 1). — V. aussi l'étude de M. Mayer, professeur à l'Université de Vienne, *Das ungarische Strafgesetzbuch*, 1878.

(2) V. *Annuaire de législation étrangère*, 1872, p. 85-87.

(3) V. l'analyse de ce projet par M. Martinet (*Bulletin*, 1878, p. 281).

(4) *Annuaire de législation étrangère*, 1879, p. 448 et suiv.

vigueur seulement depuis le 15 octobre 1879; c'est la reproduction, sauf de très légères modifications, du Code pénal belge de 1867. Il ne s'occupe pas des faits commis hors du territoire pour lesquels il renvoie à une loi spéciale qui est du 18 janvier 1879. Cette dernière loi a été provoquée par un fait particulier (1). Un arrêt de la Cour d'assises de Luxembourg, du 2 juillet 1878, avait condamné un nommé M..., Luxembourgeois, aux travaux forcés à perpétuité pour faux en écriture publique commis en Alsace-Lorraine au préjudice de cet État. Sur le pourvoi du condamné, la Cour supérieure de justice, formée en Cour de cassation, rendit, le 13 août 1878, un arrêt aux termes duquel le fait ne tombait pas sous l'application de la loi pénale luxembourgeoise; elle invitait, en quelque sorte, le législateur à intervenir en disant: « Attendu que, s'il est permis d'inférer « de ce qui précède que la loi de 1845 peut être défectueuse et « surtout ne plus répondre aux exigences des principes nouveaux « créés par notre législation récente sur l'extradition des malfai- « teurs, la mission des tribunaux ne saurait cependant consister « à refaire la loi ou à en étendre l'applicatien en matière pénale. » Le gouvernement s'occupa aussitôt de préparer une loi. Il s'agissait, non pas de faire une loi originale, mais de choisir entre notre loi française de 1866 et la loi belge de 1878. Le *Parquet général* fut d'avis d'adopter la loi de 1866, mais le *Directeur général de la justice* pensa que la législation du pays se sentirait attirée avec plus de force vers la rédaction belge. « La communauté de mœurs, de « traditions et d'institutions qui nous unit à la Belgique, entraîne « la réglementation des intérêts luxembourgeois de tout ordre sur « la trace des précédents belges. Suivant toute prévision, le nou- « veau Code pénal belge, approprié aux particularités de notre si- « tuation, deviendra la loi répressive générale du Grand-Duché (2). « D'autre part, dès que la réforme de la procédure criminelle sera « arrivée à terme en Belgique, il y aura assurément lieu à examiner « s'il ne convient pas de faire un nouvel emprunt à nos voisins. » Le Conseil d'État fut d'avis au contraire que la loi française de 1866 devait servir de type à la loi nouvelle et cela pour des motifs très divers. Elle permettrait de conserver l'ordre des trois articles du Code d'instruction criminelle, qui seraient simplement remplacés par trois articles nouveaux; elle devait aussi bien fonctionner sous le régime du Code pénal actuel que sous celui du Code pénal en

(1) Nous adressons tous nos remerciements à M. Simonis, avocat à Luxembourg, qui nous a procuré avec une extrême obligeance les renseignements nécessaires à l'intelligence de la nouvelle loi.

(2) C'est ce qui s'est réalisé.

projet à raison de son caractère général, tandis que les applications spéciales de la loi belge, ne s'adaptaient qu'au Code pénal belge; enfin la loi belge de 1878 était bien récente, elle n'avait pas encore fait ses preuves, tandis que la loi française de 1866 était éprouvée par une application de plus de douze années. Cette manière de voir fut partagée par la Chambre des députés qui adopta le projet qui devint la loi du 18 janvier 1879. Quelques modifications ont été apportées à notre loi.

Deux projets de lois doivent encore appeler notre attention; le *Projet de Code pénal italien*, si souvent remanié depuis 1868 (1) et qui ne semble pas devoir aboutir de si tôt; je citerai seulement le texte voté par la Chambre des représentants de 1877 sur la proposition de M. Mancini, garde des sceaux; le *Projet de Code pénal hollandais* (2) qui a réglé le point qui nous occupe avec de grands détails (art. 4-7). Le projet de Code pénal pour l'Empire du Japon contient également des dispositions à ce sujet (3).

I. — Faits commis par des nationaux hors du territoire.

Pendant longtemps, on n'a appliqué qu'avec beaucoup de réserve la loi pénale aux nationaux qui se trouvaient à l'étranger; il suffit de rappeler notre Code d'instruction criminelle qui, en dehors des crimes contre la sûreté de l'État, n'admettait la poursuite que pour les *crimes* dirigés contre des Français et encore à la condition d'une plainte de la victime. La tendance des diverses législations du continent européen est de plus en plus marquée dans le sens de l'application de la loi pénale aux nationaux. Le rapporteur de la loi belge à la Chambre des représentants, le savant M. Thonissen, disait : « Pendant que les criminalistes discutent encore la question « de savoir si la loi nationale doit atteindre les infractions com- « mises au delà des frontières, le problème se trouve depuis long- « temps résolu sur le terrain de la pratique par les lois de tous les peuples civilisés de l'Europe ». Un député, M. Olin, fit des réserves

(1) V. Étude par M. de Borville (*Bulletin*, 1877, p. 485); Fiore, *Revue de droit international*, 1879, p. 307 et suiv.

(2) V. une analyse de ce projet par M. P. Dareste (*Bulletin*, 1877, p. 284). J'ai consulté l'*Ultimo progetto di Codice penale Olandese*, par M. Brusa, alors professeur de droit pénal à l'Université d'Amsterdam, aujourd'hui professeur à l'Université de Turin, 1 vol. in-8°, Bologne 1878; l'ouvrage contient une introduction étendue qui est consacrée à une étude approfondie du projet, et la traduction de ce projet avec des notes.

(3) Art. 4 et suiv. d'un projet imprimé en août 1879. V. une analyse de ce projet par M. Albert Desjardins (*Bulletin*, 1880, p. 234). — On peut rapprocher encore une loi brésilienne du 4 août 1875 (*Annuaire*, 1879, p, 739, note 3).

au point de vue théorique ; suivant lui, chaque individu, habitant un pays ou ne s'y trouvant que momentanément, est soumis aux lois de police et de sûreté de ce territoire, mais ne relève d'aucune autre législation de police et de sûreté. Il reconnaissait du reste que partout s'accusait la tendance des gouvernements à poursuivre chez eux la répression des faits commis à l'étranger : « Je crois que la « Belgique n'est pas en état de résister à ce torrent et que si, un « jour, on en revient à la saine application des principes, ce jour « n'est pas encore arrivé ». Je ne veux pas discuter l'appréciation doctrinale, j'ai voulu seulement relever la constatation du fait.

L'Angleterre fait exception. Sa législation sur ce point n'a pas été modifiée depuis des siècles. Le principe est toujours que la loi pénale ne s'applique qu'aux faits commis sur le sol britanique et on ne voit pas que personne propose de le modifier (1).

Quand on a affirmé que la loi pénale d'un pays peut s'appliquer aux nationaux de ce pays même quand ils ont franchi la frontière, tout n'est pas dit. Les nationaux devront-ils rendre compte de leurs actes exactement comme s'ils n'avaient pas quitté le pays? Ne faut-il tenir aucun compte de ce fait qu'ils étaient à l'étranger, dans un milieu peut-être tout différent? Le projet autrichien se plaçant, on peut le dire, aux antipodes du système anglais, déclare purement et simplement que *les crimes et les délits*, commis à l'étranger, sont régis par les dispositions du Code pénal, quand l'auteur était autrichien au moment de l'action (art 4, n° 2) (2). Ce n'est pas, du reste, une innovation (3), et l'*Exposé des motifs*, outre les raisons générales qui font que l'Etat peut prescrire des règles de conduite à ses nationaux, même quand ceux-ci sont à l'étranger, a fait valoir une considération particulière tirée de la situation géographique de l'Autriche : « la proximité du Levant et le caractère propre des rap- « ports de juridiction qui existent en ce pays, exigent tout spé-

(1) Rapport de la commission anglaise de 1877 sur l'extradition, § II et notre *Étude sur l'extradition en Angleterre*, p. 15 et 16. V. le *Criminal Code Bill* proposé au commencement de cette année, art. 4.

(2) Le gouvernement français proposait cette règle en 1866; c'est la commission du Corps législatif qui a introduit la distinction dont il sera parlé ci-après.

(3) Code pénal de 1852, art. 36. — Au sujet de l'article 4 du projet qui énumère les cas dans lesquels une poursuite peut avoir lieu en Autriche pour un fait commis au dehors, l'*Exposé des motifs* dit : « Dans sa partie essentielle, cette disposition est conforme à notre législation qui a eu la gloire de devancer toutes les autres dans la réalisation de la pensée de la solidarité des États civilisés pour l'administration de la justice criminelle. L'expérience acquise depuis 1803 n'autorise nullement un pas en arrière. »

« cialement que l'Autriche s'en tienne au principe actuel de sa lé- « gislation pénale ». Le *Rapport* à la Chambre des députés indique que la disposition a donné lieu à un long débat dans la Commission; certains membres ont trouvé qu'il n'était pas juste qu'un autrichien, qui commettait un acte non punissable d'après les lois du pays étranger, pût être néanmoins puni à son retour en Autriche. La Commission maintint cependant le projet et, parmi les motifs allégués pour son maintien, se trouve encore cette considération que l'Autriche avait dans le Levant de nombreux protégés qui ne pouvaient être traités que d'après les lois autrichiennes. Je ne comprends pas bien la force de l'argument, attendu que rien n'empêchait d'admettre un système tout différent pour les faits passés dans un pays où l'Autriche a le droit de juridiction sur ses nationaux ou ses protégés et pour les faits passés ailleurs. Ainsi d'après notre législation, avant 1866, un français n'aurait pas pu être jugé en France pour une escroquerie commise en Suisse ou en Belgique, mais rien ne se serait opposé, je crois, à ce qu'il fût jugé pour une escroquerie commise en Turquie. A raison de l'espèce d'exterritorialité qui protège les étrangers dans les pays musulmans, ils sont à considérer comme s'ils étaient dans leur patrie.

Cette assimilation entre les faits commis par les nationaux sur le territoire et les faits commis par eux au dehors a paru excessive à la plupart des législateurs. La difficulté est de trouver la limite à laquelle l'État d'origine doit s'arrêter et cesser de s'inquiéter de la conduite de ses nationaux qui sont à l'étranger. On connaît la distinction admise par notre loi de 1866 (nouv. art. 5 C. d'Inst. cr.). Le Français est sans distinction justiciable des tribunaux français pour les faits qualifiés *crimes* par la loi française dont il se rendrait coupable en pays étranger; pour les *délits* au contraire, les faits doivent être également punis par la loi du lieu. Ce criterium est ingénieux, surtout parce qu'il facilite la tâche du législateur qui autrement aurait à passer en revue les diverses infractions et à indiquer celles qu'il importe de réprimer, quel que soit le lieu où elles sont commises. Aussi a-t-il eu du succès et nous allons le voir adopté, étendu même par plusieurs législateurs étrangers. On peut le critiquer d'abord en lui-même, parce qu'un législateur ne doit pas demander à un autre s'il convient de punir, et ensuite parce qu'il peut soulever des difficultés dans l'application (1).

La loi luxembourgeoise se l'est naturellement approprié, mais

(1) Cette règle a été critiquée, lors de la discussion de la loi, par M. E. Ollivier qui proposait un système admis par la Faculté de droit de Paris en 1847.

avec un tempérament; d'après l'article 2 *in fine*, « les dispositions « qui précèdent ne seront appliquées ni aux crimes ni aux délits « politiques commis à l'étranger » (1). Cela a de l'importance presque exclusivement pour les crimes, parce que pour les délits la condition que le même fait soit également puni à l'étranger s'opposera presque toujours à la poursuite (2). Dans la discussion de notre loi, il a été dit expressément au contraire qu'un Français pourrait être poursuivi pour un crime politique commis par lui à l'étranger, quand même le fait ne serait pas réprimé par la législation étrangère.

Le Code allemand de 1870 a appliqué la distinction aux crimes comme aux délits (3), tout en réservant certains faits [haute trahison ou trahison, fausse monnaie (4)] qui peuvent être poursuivis sans condition (art. 4-2° et 3°). Le Code hongrois de 1878, s'écartant de la législation autrichienne, a admis le système du Code allemand (art. 8 et 11, aj. art. 7-1° pour les faits qui sont d'une manière absolue régis par la loi hongroise). L'*exposé des motifs* reconnaît qu'il serait conforme au principe de la personnalité de la loi que le Hongrois, qui commet à l'étranger un acte réprimé par la loi nationale, fût puni en Hongrie, alors même que là où il était, l'acte fût toléré; cependant, ajoute-t-il, il serait trop rigoureux de le frapper à son retour dans son pays.

(1) Dans la discussion de la loi de 1866, un amendement avait été proposé en ce sens. — L'article de la loi luxembourgeoise ajoute : « Toutefois, l'at« tentat contre la personne du chef d'un gouvernement étranger ou contre « celle des membres de sa famille ne sera pas réputé délit politique ni fait « connexe à un semblable délit, lorsque cet attentat constitue le crime, soit « de meurtre, soit d'assassinat, soit d'empoisonnement. » C'est la disposition de la loi belge du 22 mars 1856 que la loi luxembourgeoise de 1870 sur l'extradition s'était déjà appropriée.

(2) Il ne suffit pas, en effet, que le délit puni par la loi étrangère soit simplement *similaire* à celui puni par la loi française ; il faut qu'il soit *identique*. « Il faut notamment, relativement aux délits de presse, que la législation « étrangère prévoie, non pas d'une manière générale, des délits de presse qui « attaquent le gouvernement du pays, mais qu'elle prévoie, d'une manière « spéciale, les délits de presse qui portent atteinte aux gouvernements étran« gers et, en ce qui nous concerne, au gouvernement français. » (Discours de M. Mége, membre de la commission, séance du Corps législatif, 31 mai 1866.)

(3) On a signalé les conséquences singulières de cette disposition : un Allemand pourra être puni en Allemagne pour un crime dirigé contre un gouvernement étranger et ne pourra être puni pour un crime dirigé contre un État allemand (*Revue pratique*, XXXVIII, p. 15-17).

(4) La loi du 26 février 1876 a ajouté les faits commis dans l'exercice des fonctions publiques (*Annuaire de législation*, 1877, p. 139).

Le Japon se propose d'admettre la même règle (art. 5-3° du projet de Code pénal).

Les dispositions votées le 28 novembre 1877 par la Chambre des députés d'Italie exigent que le crime ou le délit commis par un Italien à l'étranger soit puni par la loi du lieu (art. 6). V. aussi l'article 5-1°, qui correspond à l'article 7 de notre Code d'Instruction criminelle.

Le législateur belge a suivi un autre ordre d'idées; il n'a pas, du reste, en 1878, apporté de modification grave à ce qui avait été fait en 1836. Il indique certains faits qui ont une gravité particulière parce que, bien que commis à l'étranger, ils peuvent léser directement la Belgique; il y a d'abord la nomenclature ordinaire empruntée à notre Code (Cf. art. 6-1° et 2e loi belge, art. 7 de notre Code d'Instr. cr.); il est fait une addition sur laquelle il convient d'insister parce qu'elle constitue, à mon avis, un progrès très sérieux dans les relations internationales. On permet de poursuivre le Belge qui, hors du territoire du royaume, s'est rendu coupable d'un crime ou délit contre la foi publique *qui a pour objet des monnaies n'ayant pas cours légal en Belgique, des effets, papiers, sceaux, timbres, marques ou poinçons d'un pays étranger*. Cette disposition est en harmonie avec le Code pénal de 1867 et corrige ce que les règles anciennes en cette matière avaient d'étroit et d'insuffisant; « la contrefaçon des monnaies et papiers étrangers, disait « avec raison M. Thonissen, jette le trouble dans les relations « commerciales et compromet ainsi, en même temps, la richesse « publique et la fortune des particuliers, à quelque nation qu'ils « appartiennent. Il importe que la Belgique en autorise la pour- « suite, ne fût-ce que pour se mettre en droit de réclamer à titre « de réciprocité la protection de ses propres valeurs contre la « contrefaçon étrangère. » Cette question mérite un examen sérieux; elle a appelé l'attention de la conférence qui s'est réunie en 1878 à Paris pour procéder au renouvellement de l'*Union monétaire latine* et il a été constaté que la législation de la plupart des pays avait besoin d'être améliorée sur ce point (1).

(1) M. Lardy, délégué de la Suisse, a déposé sur le bureau de la Conférence le texte français ou la traduction des lois et règlements en vigueur dans divers pays sur la contrefaçon, l'altération des monnaies et leur émission. Il a ajouté que, en ce qui concerne les auteurs des crimes contre la monnaie, les lois de la plupart des États punissent leurs nationaux qui ont commis, à l'étranger, un crime contre la monnaie nationale; mais il s'est demandé si, en raison de l'Union qui existe entre les États représentés à la Conférence, il ne serait pas utile d'assimiler, au point de vue de la répression, les monnaies admises dans leurs caisses publiques aux monnaies ayant cours légal (*Procès-*

En dehors de ces faits qui portent atteinte à un intérêt public, la loi de 1878, comme la loi de 1836, distingue suivant la nationalité de la victime. « Tout Belge qui, hors du territoire du royaume, se « sera rendu coupable d'un crime ou d'un délit *contre un Belge*, « pourra être poursuivi en Belgique » (art. 7). L'État belge a le devoir de protéger ses nationaux, même sur le sol étranger, contre les actes délictueux de leurs concitoyens ; il n'y a donc pas à tenir compte de la circonstance que ces actes seraient licites dans le lieu où ils ont été commis. Le crime ou délit commis par un Belge *contre un étranger* ne peut, en principe, donner lieu à des poursuites qu'autant qu'il est prévu par la loi sur les extraditions, article 8 (1). On voit ici un exemple de la corrélation étroite qui existe entre la loi sur les extraditions et la loi sur les délits commis à l'étranger; les deux lois tendent en effet, l'une et l'autre, à empêcher que des coupables ne puissent, en s'éloignant du lieu du délit, échapper à la répression.

Ce critérium est certainement meilleur au point de vue scientifique, que celui qui est admis par la loi française. « Les mêmes « crimes ou délits qui rendent l'étranger, qui en est déclaré cou- « pable dans son pays, indigne de jouir de l'hospitalité dans le « nôtre, sont également ceux que l'intérêt de la société ne permet « pas de laisser impunis, lorsque c'est un Belge qui s'en est souillé « hors de notre territoire » (2). Ainsi un Français et un Belge ont commis un même délit en France; ils se réfugient en Belgique. Comment sera assurée la répression à leur égard? Si le Français peut être livré au gouvernement de son pays, le Belge pourra être jugé en Belgique; on arrive, par des moyens différents, à un résultat analogue, sinon identique. Si, au contraire, l'extradition ne s'ap-

verbaux, p. 110-112). Aucune résolution n'a été prise, c'est au législateur de chaque pays à agir. En ce qui concerne la France, je signalerai l'article 132 du Code pénal qui punit la *contrefaçon ou l'altération des monnaies d'or ou d'argent ayant cours légal en France* et l'article 133 qui punit celui *qui aura, en France, contrefait ou altéré des monnaies étrangères;* ainsi un Français, qui aurait, en Belgique, contrefait des monnaies anglaises, même des monnaies belges ou italiennes, ne pourrait être puni en France ; il y a là évidemment une lacune très grave dans notre législation, puisque nous assurerons l'impunité au Français qui se réfugie en France après avoir commis le crime de fausse monnaie à l'étranger. V. au contraire les articles 164 et 166 du Code pénal belge de 1867 qui punissent la contrefaçon des monnaies n'ayant pas cours légal en Belgique sans exiger que cette contrefaçon ait eu lieu dans le royaume.

(1) La loi actuellement en vigueur sur les extraditions est du 15 mars 1874 (*Annuaire de législation*, 1875, p. 404 et suiv.).

(2) Rapport à la Chambre des représentants en 1836.

plique pas au fait, si on laisse le Français jouir en paix de l'asile, il n'y a pas de raison pour punir le Belge. Comme la loi sur l'extradition comprend un grand nombre de faits (1), le principe admis peut être considéré comme donnant une satisfaction suffisante à la justice. Il faut songer que la poursuite pour des faits commis hors du territoire soulève toujours des difficultés auxquelles il ne faut pas s'exposer sans qu'il y ait un intérêt sérieux engagé. Je n'approuverais pas la distinction faite suivant la nationalité de la victime (2).

Les auteurs du projet de Code pénal hollandais ont été certainement plus scrupuleux que leurs devanciers dans l'accomplissement de leur tâche. Ils ont énuméré d'une manière précise les faits à raison desquels un Hollandais pouvait être poursuivi (art. 4, 5 et 6), tout en suivant, au fond, les doctrines admises en Belgique. Ainsi le Hollandais peut être poursuivi pour tout crime ou délit commis contre un Hollandais (art. 5-2°); les faits qui, commis contre un étranger, peuvent donner lieu à des poursuites, rentrent à peu près dans les crimes ou délits pour lesquels l'extradition a lieu (3).

La loi française de 1866 admet la poursuite des Français qui se sont rendus coupables de délits et contraventions en matière forestière, rurale, de pêche, de douanes ou de contributions indirectes sur le territoire de l'un des États limitrophes, si cet État autorise la poursuite de ses regnicoles pour les mêmes faits commis en France, cette réciprocité devant être légalement constatée par des conventions internationales ou par un décret publié au *Bulletin des lois*. La disposition a été suivie par la loi luxembourgeoise (4) et la loi belge (5). Le Code allemand pose une règle plus générale : « Les

(1) V. l'énumération contenue dans l'article 1er de la loi citée plus haut.

(2) L'article 8 fait une autre distinction : pour les crimes et délits dirigés contre un étranger, on exige une plainte de l'étranger offensé ou de sa famille ou bien un avis officiel donné à l'autorité belge par l'autorité du pays où l'infraction a été commise. Cf. notre nouvel art. 5 C. instr. crim. qui a une exigeance semblable en cas de *délits*. Suivant M. Thonissen, l'intérêt de la Belgique à la répression est beaucoup moins direct que quand la victime est un Belge. La justice nationale peut fermer les yeux lorsque l'étranger offensé ou sa famille garde le silence et que son gouvernement ne juge pas l'infraction assez grave pour motiver l'accomplissement de la simple formalité d'un avis officiel.

(3) V. les observations de M. Brusa en note sous les articles cités. — La loi brésilienne de 1875 admet que les Brésiliens peuvent être poursuivis *pour tous crimes pour lesquels la mise en liberté provisoire, même avec caution, n'est pas admise* (art. 3). C'est peut-être trop restrictif; mais au moins le critérium est puisé dans la loi nationale elle-même.

(4) On a ajouté les contraventions et délits de chasse.

(5) Art. 9. Il y a deux modifications; la loi n'indique pas comment la réciprocité sera constatée et exige une plainte de la partie lésée ou un avis officiel de l'autorité étrangère.

« contraventions commises en pays étranger ne peuvent être punies « que dans le cas où il existerait à cet égard des lois spéciales ou « des traités » (art. 6). Le projet autrichien était dans le même sens (art. 5).

En supposant tranchée affirmativement la question de savoir si la juridiction nationale est compétente pour connaître d'un fait commis au dehors, il y a d'autres points à examiner dont les principaux sont les suivants : exigera-t-on le retour du coupable dans son pays comme condition de la poursuite? Faudra-t-il tenir compte de la loi étrangère qui édicte une pénalité différente? Enfin, quel sera l'effet d'une décision intervenue en pays étranger? Il y aurait d'autres questions (1); mais je m'en tiens à l'essentiel.

1° *Faut-il exiger le retour du coupable?*

Notre loi admet en principe l'affirmative, sauf pour les crimes attentatoires à la sûreté de l'État, les crimes de fausse monnaie ou les crimes analogues (art. 5 *in fine* et art. 7 C. inst. cr.). Les auteurs et les arrêts s'accordent pour admettre que la loi a en vue un *retour volontaire* (2); ce qui entraîne cette conséquence que l'extradition ne pourrait être demandée par le Gouvernement français du chef d'un de ses nationaux qui, ayant commis à l'étranger un crime ou un délit, ne serait pas revenu en France. On a pensé probablement que ce retour seul créait pour la France un intérêt social, et que, tant que l'inculpé était hors de France, c'était à la justice du pays, théâtre du crime ou du délit, à s'inquiéter de lui et à le rechercher pour le punir. Cette considération sera le plus souvent fondée; toutefois il y a des cas où la règle peut présenter des inconvénients et il aurait mieux valu, je crois, que le Ministère public eût la faculté d'agir, sauf à n'en user que très exceptionnellement. Pour prendre un cas assez simple, je suppose un Français qui, ayant commis un crime très grave en Angleterre, peut-être contre un Français,

(1) Une plainte de la partie lésée ou une dénonciation de l'autorité étrangère sera-t-elle exigée? L'action sera-t-elle intentée comme dans les cas ordinaires ou réservera-t-on au ministère public le droit exclusif de saisir les tribunaux de répression? Quel sera le tribunal compétent?

(2) Faustin Hélie, *Traité de l'instruction criminelle*, II, n° 679; Aix, 28 avril 1868, Sirey, 1868, 2, 302. Il suffit, du reste, que le retour ait eu lieu et il n'est pas besoin que le retour se soit prolongé jusqu'aux poursuites, Paris 17 juin 1870, Dalloz, 1870, 2, 177. — Suivant Fiore (*Dell' estradizione*, n° 496-499), le Code pénal italien (art. 6) s'applique par cela seul que l'Italien est sur le territoire, que son retour ait été ou non volontaire, puisque la loi parle de celui qui rentre *in qualunque modo ;* l'extradition pourrait donc être obtenue.

se réfugie dans un pays qui n'a pas de traité d'extradition avec l'Angleterre, mais qui en a un avec la France. La Grande-Bretagne ne peut pas obtenir l'extradition du criminel; pourquoi la France s'enlève-t-elle le droit de la demander? Ce n'est pas une hypothèse chimérique. Il y a quelques années, un prussien, Vogt, qui avait commis un crime épouvantable à Bruxelles, se réfugia aux États-Unis. La Belgique n'avait pas, à cette époque, de traité d'extradition avec les Etats-Unis; la Prusse en avait un et elle réclama son national qu'elle avait le droit de juger. Une difficulté s'éleva sur l'interprétation du traité et l'extradition n'eut pas lieu.

Du moment où nous admettons que notre loi peut commander à nos nationaux qui sont à l'étranger, leur imposer des règles de conduite, la circonstance que ces nationaux sont ou non de retour en France, ont fait une apparition plus ou moins passagère sur notre sol, ne doit pas être une condition essentielle du droit de juger et de punir : on peut et on doit en tenir compte pour l'exercice de la faculté de poursuivre, mais il n'y a rien d'absolu.

Voyons ce qu'ont fait, à ce sujet, les lois étrangères. La loi luxembourgeoise s'est approprié notre disposition sans changement. La loi belge de 1878 a un peu modifié la formule, mais elle paraît devoir être interprétée dans le même sens (1).

La condition du retour dans la patrie n'est indiquée ni dans le Code allemand, ni dans le Code hongrois, ni dans les projets autrichien et hollandais; ils ne font aucune allusion à la circonstance que l'inculpé est ou non sur le territoire. Le projet du Code pénal pour le Japon dit expressément que les crimes et les délits, commis en pays étranger par un sujet de l'Empire, pourront être poursuivis et jugés au Japon si l'infracteur se trouve volontairement sur le territoire du Japon ou *si son extradition a été obtenue* (art. 5-2°). La disposition votée par la Chambre des députés d'Italie n'est pas suffisamment explicite; l'italien sera jugé pour un crime commis à l'é-

(1) « Sauf les cas prévus aux n°s 1 et 2 de l'article 6 et à l'article 10 (correspondant à notre art. 7 instr. cr.), la poursuite des infractions dont il s'agit dans le présent chapitre n'aura lieu que *si l'inculpé est trouvé en Belgique* » (art. 12). On a bien dit que les circonstances, qui avaient accompagné son retour, étaient d'ailleurs indifférentes, que peu importait qu'il fût rentré volontairemet dans sa patrie, ou qu'il s'y trouvât par un fait indépendant de sa volonté (Rapport de M. Thonissen); il me semble cependant évident que le gouvernement belge ne pourrait demander l'extradition, parce que ses tribunaux ne seraient pas compétents. — La loi brésilienne de 1875 dit également « que seront poursuivis et jugés, *quand ils viendront spontanément sur le territoire de l'Empire*, les Brésiliens qui..... » (art. 3).

tranger *qualora entri in qualunque modo nel regno* (art. 6, § 1); cela s'applique-t-il à l'extradition (1)?

2° *Faut-il tenir compte de la loi étrangère?*

La question peut se poser à plusieurs points de vue, notamment à celui de la pénalité qui peut être très différente dans le lieu où le fait a été commis et dans le pays d'origine, et à celui de la prescription. Notre Code ne fait aucune allusion à la loi étrangère et, par suite, c'est la loi française qui doit être seule appliquée pour toutes les questions (2). La même règle a été admise implicitement par la loi luxembourgeoise, par le projet hollandais, et expressément par la loi belge (art. 14). « En réprimant des infractions « commises en pays étranger, la Belgique n'élève pas la prétention « de s'attribuer une part de la souveraineté étrangère, c'est sur « son propre sol, dans son propre intérêt et en vertu de la loi belge, « qu'elle exerce le droit de punir. A ce double point de vue, il ne « saurait être question d'appliquer les dispositions des Codes « étrangers. » (Rapp. de M. Thonissen) (3).

Le Code allemand prescrit de tenir compte de la loi étrangère qui est plus douce, quand il ne s'agit pas de faits de haute trahison ou de trahison contre l'Empire ou un Etat de l'Empire, ou de fausse monnaie (art. 4 *in fine*). Le projet autrichien contenait une disposition analogue (4). Nous la retrouvons dans le Code hongrois avec un développement ou un complément qui va nous montrer que l'application de l'idée générale n'est pas toujours facile. L'article 12 dispose que, si la peine prononcée par la loi du lieu du délit est plus douce que la peine prononcée par la loi hongroise, c'est la première qui devra être appliquée. Cela suppose entre les deux pays une concordance de la législation pénale qui peut fort bien ne pas exister. Aussi l'article 14 décide-t-il que, dans le cas où il y aurait lieu d'appliquer, en vertu du principe précédent, une peine non admise par le présent Code, il faudra transformer cette peine en celle qui s'en rapprochera le plus. Il pourra bien y avoir un peu d'arbitraire dans ce travail d'appropriation ou d'adaptation et je crois que, soit au point de vue des principes, soit au point de vue de l'application, le système admis par notre loi est encore le meilleur.

(1) V. la note 2, p. 12.

(2) Cela a été dit dans la discussion (séance du Corps législatif du 31 mai 1866).

(3) Il y a aussi une règle formelle dans la loi brésilienne (art. 4).

(4) Art. 4 *in fine*. Était-ce bien d'accord avec l'idée fondametale du projet sur ce point? On peut en douter; l'Autrichien doit obéir à sa loi nationale d'une manière absolue et, par conséquent, s'il viole ses prescriptions, il devra subir la peine portée par elle.

La disposition de la loi étrangère influera en fait sur la peine à titre de circonstance atténuante; cela me semble suffisant (1).

Là où on exige que le fait soit puni par la loi étrangère, il peut sembler naturel de s'arrêter si le fait prévu par cette loi a cessé d'être punissable, par suite de la prescription ou de la grâce, c'est ce que disent le Code allemand (art. 5-2°), le Code hongrois (art. 11), le projet japonais (art. 5-5° et 6°). Notre loi ne fait aucune distinction et, par conséquent, pour les délits comme pour les crimes, la prescription ne pourra être invoquée que dans les termes de la loi française.

3° *Quel est l'effet d'un jugement rendu en pays étranger?*

Notre loi se borne à dire qu'aucune poursuite n'a lieu *si l'inculpé prouve qu'il a été jugé définitivement en pays étranger* (art. 5, C. inst. cr.); elle est incomplète et imprévoyante, comme il est facile de le montrer en passant en revue les diverses hypothèses qui peuvent se présenter.

a) Il y a eu *acquittement* ou *absolution:* on comprend alors l'application de la maxime *non bis in idem;* c'est la juridiction la plus intéressée à sévir et la plus à même de découvrir la vérité qui a décidé que la culpabilité n'était pas établie; la juridiction nationale ne doit jouer qu'un rôle subsidiaire. On pourrait faire une réserve seulement pour l'absolution fondée sur ce que le fait n'est pas prévu par la loi étrangère, au cas où la loi nationale s'applique sans tenir compte de la loi étrangère.

b) Il y a eu *condamnation*. Notre loi ne se préoccupe pas de ce qui est arrivé après le jugement, du point de savoir si la condamnation a été ou non exécutée (2), de sorte que, si un Français a été condamné à l'étranger pour le fait le plus grave et s'il a trouvé le moyen de s'échapper et de revenir en France, il jouit de l'impunité la plus complète, puisque, d'une part, une sentence criminelle étrangère ne peut être exécutée en France et que, d'autre part, la disposition de l'article 5 s'oppose à un nouveau procès (3). Je puis

(1) Le Code hongrois décide encore que la poursuite sera en Hongrie soumise aux mêmes conditions et restrictions que dans le pays étranger, par exemple, à la nécessité d'une plainte de la partie lésée (art. 16). Cette règle est d'accord avec son principe qui est d'exiger que le fait soit punissable d'après la loi du pays (V. aussi art. 5-3° du Code allemand). Il n'en était pas de même de la disposition analogue du projet autrichien (art. 4 *in fine*).

(2) Le gouvernement proposait d'imiter les législations étrangères qui exigent que le condamné ait subi ou prescrit sa peine pour échapper aux poursuites en France.

(3) Il s'est passé récemment dans un port étranger un fait qui montre com-

citer un cas très curieux où ce résultat serait constaté officiellement pour ainsi dire. Je suppose un français se rendant coupable en Egypte d'un crime rentrant dans la compétence des *tribunaux mixtes* (1) et pour lequel il a été condamné à mort. Le *Règlement d'organisation judiciaire* contient pour ce cas la règle suivante : « En cas de con« damnation à la peine capitale, messieurs les Représentants des « puissances auront la faculté de réclamer leur administré. — A cet « effet, un délai suffisant interviendra entre le prononcé et l'exécu« tion de la sentence pour donner aux représentants des puis« sances le temps de se prononcer » (Tit. II, art. 38). S'est-on rendu compte de la portée de cette disposition en ce qui concerne notre pays ? Le Français, ainsi réclamé par son gouvernement, sera ramené en France où on le mettra en liberté, puisque nous ne pouvons exécuter une décision étrangère ni procéder à un nouveau jugement ; donc on sera dans l'alternative ou de laisser exécuter une sentence trop rigoureuse ou d'accorder une impunité scandaleuse, puisque ce ne sera pas un accident, un fait matériel qui l'aura amenée, mais une réclamation officielle du gouvernement.

Même quand la condamnation prononcée en pays étranger a été exécutée, on peut se demander s'il convient de fermer les yeux absolument et dans tous les cas sur la conduite d'un Français à l'étranger. L'admettra-t-on à jouir de tous ses droits, même de ceux qu'il aurait perdus s'il avait été condamné dans son pays pour le même fait? En l'absence de toute disposition légale, notre jurisprudence admet l'affirmative (2), mais on comprend qu'il est fâcheux, par exemple, qu'un individu condamné pour vol ou escroquerie soit électeur et éligible.

J'ajoute que cette exception péremptoire résultant d'un jugement définitif en pays étranger peut être invoquée pour tous les faits, quels qu'ils soient, même pour ceux qui s'attaquaient directement à l'Etat français, à ses intérêts et à l'égard desquels la juridiction étrangère a pu mettre d'autant moins de zèle que ce n'étaient pas

bien notre législation est défectueuse sur ce point. Un Français avait été condamné dans le pays aux travaux forcés pour un fait très grave. Grâce à des troubles insurrectionnels, il s'évada et se réfugia à bord d'un navire de guerre français. Le capitaine considéra qu'il ne pouvait le restituer à la justice du pays à cause du principe qui défend d'extrader les Français et il ramena en France ce condamné qui fut alors assuré de l'impunité.

(1) *Règlement d'organisation judiciaire pour les procès mixtes en Égypte*, tit. II, art. 7-9.

(2) Ch. civ. c. 14 avril 1868. — V. les observations de M. Paul Jozon dans la *Revue de droit international*, 1869, p. 99-101.

les intérêts qu'elle a pour mission particulière de protéger qui étaient directement menacés (1).

Je vais montrer qu'à ces différents points de vue, la plupart des législations que j'examine se sont montrées plus prévoyantes que la nôtre ; toutefois il y a des différences entre elles.

La loi belge pose les règles suivantes (art. 13) : « les dispositions « précédentes ne seront pas applicables lorsque l'inculpé, jugé en « pays étranger du chef de la même infraction, aura été acquitté ». Il n'y a pas de distinction suivant la nature du fait. « Il en sera de « même lorsque, après y avoir été condamné, il aura subi ou pres- « crit sa peine, ou qu'il aura été gracié ». Ainsi il n'y a pas de fin de non recevoir, lorsque la condamnation a été inexécutée ou n'a été exécutée que partiellement : des poursuites pourront avoir lieu et aboutir à une nouvelle condamnation (2); toutefois il serait injuste de ne pas tenir compte du châtiment déjà subi en pays étranger. « Toute détention subie à l'étranger (3), par suite de l'infraction « qui donne lieu à la condamnation en Belgique, sera imputée sur « la durée des peines emportant privation de liberté ». Cette disposition finale a été insérée dans la loi à la suite d'un amendement adopté par la Chambre des représentants; le Gouvernement et la Commission s'étaient montrés plus rigoureux (4).

Sur ce point, le législateur luxembourgeois n'a pas servilement reproduit notre loi, il a mieux aimé profiter des améliorations introduites par le législateur belge (art. 2, loi de 1879).

(1) Il semble avoir été entendu au Conseil d'État dans la discussion sur l'ancien article 5 du Code d'instruction criminelle, que la juridiction française s'arrêterait devant un jugement rendu en pays étranger (Locré, XXIV. 116). Cf. Faustin Hélie, *op. cit.*, II, n° 671.

(2) Peu importe que l'inculpé ait pris la fuite avant ou après sa condamnation; les inconvénients de l'impunité sont absolument les mêmes, et, dans les deux cas, la présence du coupable impuni offre les mêmes dangers. Celui qui a été condamné par une sentence contradictoire se trouve même dans une situation moins favorable que celui qui a été condamné sans avoir été entendu. Une condamnation par contumace et par défaut peut laisser subsister des doutes que ne comporte pas le jugement contradictoire. Il serait étrange que la certitude de la culpabilité devînt pour le coupable un motif de protection et de sécurité (Rapport de M. Thonissen).

(3) Cela comprend même la détention préventive. Cf. l'art. 30 du Code pénal belge de 1867.

(4) L'individu condamné en pays étranger ne pourra se prévaloir de cette condamnation qu'autant qu'il aura subi entièrement sa peine. S'il s'échappe d'une prison étrangère, il commet en réalité une désobéissance à la loi, et ne peut pas obtenir un avantage et, moins encore, un droit en désobéissant à la loi. La grâce interviendra, si la solution est trop rigoureuse (Rapport de M. Thonissen).

Le Code allemand s'est encore plus écarté de la règle admise chez nous. Quand un Allemand est accusé de s'être rendu coupable, en pays étranger, de haute trahison ou de trahison contre l'Empire ou un de ses Etats, d'offense envers un souverain de la Confédération ou de fausse monnaie, rien n'arrête la poursuite en Allemagne, pas même une condamnation subie. La satisfaction procurée par une juridiction étrangère, qui n'avait pas à se placer au même point de vue que la juridiction allemande, est considérée comme insuffisante. S'il s'agit d'un autre fait, la poursuite n'a pas lieu en Allemagne quand le prévenu a été jugé définitivement, à raison du même fait, par un tribunal étranger et qu'il a été acquitté ou a subi sa peine, quand la peine est prescrite d'après la loi étrangère ou que remise a été faite de la peine. Dans tous les cas où une nouvelle condamnation intervient en Allemagne, « il y aura lieu d'imputer sur la « peine le montant de celle qui aura été subie à l'étranger » (1), art. 3, 5 et 8. Il faut ajouter ici la disposition de l'article 37 qui me paraît très sage : » Toutes les fois qu'un Allemand aura été puni, en « pays étranger, pour un crime ou un délit emportant ou pouvant « emporter d'après les lois de l'Empire allemand, la privation des « drois civiques en général ou de certains droits civiques en parti- « culier, la poursuite pourra être reprise à l'effet de faire pronon- « cer la privation de ces droits ».

Lors de la discussion du projet de Code pénal à la Chambre des députés d'Italie (2), un membre demanda l'adoption d'une règle analogue, en disant qu'il était scandaleux qu'un Italien, condamné à l'étranger pour un fait honteux et ayant subi sa peine, pût revenir en Italie et y jouir de tous ses droits. Cette idée ne fut pas combattue, mais le garde des sceaux, M. Mancini, prétendit que le projet permettait cela et qu'aucune modification n'était nécessaire. Voici comment il raisonna : quand une condamnation à l'étranger n'a pas été entièrement exécutée, de nouvelles poursuites peuvent avoir lieu (3). Eh bien ! quand un individu a subi une condamnation entraînant des incapacités et qu'il revient en Italie, on peut dire qu'il n'a subi

(1) Cette formule est plus générale que celle de la loi belge, mais me paraît moins heureuse par cela même ; il n'y aura pas toujours de rapport facile à établir entre les deux condamnations ; outre que l'une des deux législations peut admettre des peines inconnues dans l'autre, le même fait peut être puni très différemment. Un individu a été condamné à six mois de prison et il a subi sa peine. Poursuivi de nouveau, il est reconnu coupable ; il est passible de la dégradation civique ; comment se fera l'imputation ?

(2) Séance du 28 décembre 1877.

(3) *Se non ha scontata interamente la pena, potrà rinnovarsi il giudizio dai tribunali del regno* (art. 8-3°).

qu'une partie de sa peine et rien n'empêche une nouvelle procédure. Le rapporteur s'est exprimé dans le même sens et le texte a été voté sans modification. L'explication n'était cependant guère satisfaisante ; on fait violence au sens ordinaire des expressions en disant qu'en pareil cas, la peine n'a été subie qu'en partie ; de plus, il n'y a qu'à supposer que la loi étrangère n'édicte aucune déchéance analogue, comment soutenir alors que la condamnation n'a pas été entièrement exécutée ? Je tenais seulement à montrer que l'idée en elle-même, que je crois juste, n'avait pas été combattue et qu'en écartant la proposition, on avait seulement voulu éviter une modification dans les textes.

Le législateur hongrois s'est inspiré des idées du législateur allemand. Pour les délits contre la patrie, pour les délits politiques, la poursuite peut avoir lieu sans restriction ; l'acquittement, la condamnation ou la grâce ne peuvent empêcher le juge hongrois d'appliquer la loi hongroise. Cela est conforme à la nature même de ces délits, dit M. Mayer (1) ; l'Etat hongrois a le droit de se protéger lui-même et n'est pas tenu de se contenter de la protection, souvent insuffisante, d'une loi étrangère. La peine subie à l'étranger pourrait seulement entrer en ligne de compte dans l'appréciation de la peine à prononcer. Pour les autres délits nous trouvons les mêmes solutions que dans le Code allemand (Cbn. art. 7, 8, 11, 13, 15 (2).

II. — FAITS COMMIS PAR DES ÉTRANGERS HORS DU TERRITOIRE.

Notre loi s'est tenue à cet égard sur une grande réserve ; rien n'a été changé en 1866 à ce qu'édictait déjà le Code de 1808. La juridiction française ne peut connaître en principe des faits commis par des étrangers hors du territoire français, à moins qu'il ne s'agisse de faits de nature à troubler profondément l'ordre sur notre sol (crime attentatoire à la sûreté de l'Etat, contrefaçon du sceau de l'Etat, de monnaies nationales ayant cours, de papiers nationaux, de billets de banque autorisés par la loi) art. 7, C. I. cr. Pour les autres faits, la seule mesure possible sera l'expulsion ou l'extradition. — La disposition a été également maintenue par la nouvelle loi luxembourgeoise.

La loi allemande est, sur ce point, analogue à la nôtre. Sauf les

(1) *Op. cit.*

(2) Le Code hongrois dit d'une manière expresse que la condamnation pénale prononcée par les autorités d'un État étranger ne peut être mise à exécution sur le territoire hongrois (art. 18).

cas de haute trahison ou de fausse monnaie, les étrangers ne peuvent être poursuivis en Allemagne pour faits commis au dehors (art. 4, 1°). Il a été question récemment de modifier cette règle; le projet de loi qui a abouti à une révision partielle du Code pénal en 1876, proposait de rendre justiciables des tribunaux allemands les étrangers qui auraient, à l'étranger, commis des crimes et des délits contre des sujets allemands. Le Reichstag n'a pas voulu se livrer à un nouvel examen de la difficile théorie de l'application de la loi pénale (1).

La loi belge s'inspire des mêmes idées, v. art. 10; elle a toutefois introduit une disposition toute nouvelle dont je ne connais aucun autre exemple : « L'étranger co-auteur ou complice d'un « crime commis hors du territoire du Royaume par un Belge « pourra être poursuivi en Belgique, conjointement avec le Belge « inculpé ou après la condamnation de celui-ci » (art. 11). Du moment qu'on partait de cette idée que la loi belge ne devait pas se préoccuper des infractions commises par un étranger hors du territoire, était-il bien nécessaire de faire une exception au principe pour une hypothèse aussi spéciale? « L'opinion publique « serait froissée à juste titre, a dit M. Nypels (2), si elle voyait le « coupable belge expiant son crime dans une maison de force, « tandis que le co-auteur étranger, peut-être le plus coupable, en « serait quitte pour être conduit à la frontière. — Cet étranger peut « être extradé, il se pourrait que les conditions qui autorisent cette « mesure n'existassent pas, et puis elle dépend d'une demande « du gouvernement étranger. Il est possible que le cas prévu par « l'article se présente rarement, mais il est trop grave pour que, le « cas échéant, la justice belge soit désarmée. » Ce n'est pas décisif à mon avis. Si les principes permettent d'appliquer la loi belge aux faits commis hors du territoire par des étrangers, il ne faut pas s'arrêter là. Il est singulier que le droit de punir résulte de cette complicité avec un Belge. L'impunité ne serait-elle pas également scandaleuse si un étranger se trouvant en Belgique avait assassiné un Belge dans un pays qui, pour une raison ou une autre, ne demande pas l'extradition?

Des idées beaucoup moins restrictives se sont fait jour dans d'autres pays. Le Code pénal hongrois s'est, pour cette fois, inspiré de la législation autrichienne. En dehors des cas de haute trahison,

(1) *Annuaire de législation étrangère*, 1877, p. 139.

(2) Rapport fait au nom d'une Commission chargée de préparer le projet de Code de procédure pénale.

de fausse monnaie et autres analogues (art 7, 2°), la loi hongroise permet de poursuivre l'étranger pour tout fait qualifié crime ou délit par elle et puni par la loi du pays où ce fait a eu lieu, si l'extradition de cet étranger n'est pas accordée et si le ministre de la justice ordonne la poursuite (art. 9). Ainsi un Français, après avoir en Allemagne commis un vol au préjudice d'un Hongrois ou de tout autre, vient en Hongrie. On doit d'abord attendre que l'Etat étranger, sur le territoire duquel il a commis le délit, ou l'Etat auquel il appartient soient en situation de demander son extradition et le fassent. Si la demande n'a pas lieu ou ne peut être admise pour une cause quelconque, l'administration de la justice décidera suivant le cas, si une poursuite doit avoir lieu en Hongrie ou si on doit se contenter de mesures de police contre le délinquant, par exemple de l'expulsion (1). La même disposition se trouve dans le projet autrichien de 1874 (art. 4 3°) qui ne modifiait du reste la législation existante qu'en ce qu'il exigeait pour la poursuite une autorisation du ministre de la justice. *L'exposé des motifs* faisait remarquer que l'extradition peut être impossible pour des motifs très divers, par exemple parce que le crime a eu lieu dans un pays non civilisé, dans un pays avec lequel on est en guerre, et que le sentiment du droit serait souvent blessé par suite de l'impunité du coupable. La Commission de la Chambre des députés avait accepté la disposition.

Le gouvernement italien s'est inspiré d'idées analogues dans le projet qu'il a soumis à la Chambre des députés en 1877. Voici ce que décidait l'article 7 : Les crimes commis à l'étranger, en dehors des cas de l'article 5 (2), par un étranger au préjudice d'un Italien ou de l'État italien, et punis à la fois par les lois du royaume et par celles du pays où ils ont été commis, lorsque les coupables pénètreront d'une manière quelconque sur le territoire de l'État, seront jugés et punis par les tribunaux du royaume qui appliqueront la loi la plus douce. Il en sera de même pour les délits, s'il y a plainte de la partie lésée. — Les crimes commis à l'étranger par des étrangers au préjudice d'étrangers et punis à la fois par les lois du royaume et par celles du pays où ils ont eu lieu, quand les coupables se trouvent dans le royaume, peuvent être jugés et punis par application de la loi la plus douce sous ces conditions : *a*) que l'extradition des coupables ait été offerte au gouvernement du pays où le

(1) Mayer, *op. cit.*

(2) Il s'agit des crimes contre la sûreté de l'État, de la fausse monnaie, etc., pour lesquels les étrangers et les nationaux sont également soumis aux poursuites en Italie sans restriction.

crime a été commis et à celui de leur pays d'origine; *b*) que le crime soit de ceux pour lesquels il y a une convention d'extradition ou à défaut, soit un crime contre le droit des gens, contre la personne ou la propriété des particuliers, etc. (1). — Sans entrer dans l'explication détaillée de cette disposition, je fais remarquer la différence qui la sépare de la loi hongroise et de la loi autrichienne; celles-ci ne distinguent pas suivant la nationalité de la victime; dans tous les cas, la poursuite d'un étranger pour un fait commis au dehors a un caractère subsidiaire et a pour but d'éviter le scandale qui résulterait de ce que, l'extradition n'étant pas permise, il y aurait impunité. D'après le projet italien, quand la victime du crime était un Italien, la poursuite n'a pas ce caractère subsidiaire, puisqu'elle n'est en aucune façon subordonnée à cette circonstance que l'extradition n'aurait pas eu lieu. Ainsi un Français a tué un Italien à Paris, il se réfugie en Italie. Dans la doctrine du projet, le gouvernement italien serait en droit de refuser l'extradition du Français au gouvernement français, en disant que ses tribunaux sont compétents pour le juger (2). Cela ne me paraît pas raisonnable. Malgré la nationalité de la victime, c'est le gouvernement français qui est le plus intéressé à la répression, puisque l'ordre a été troublé sur son territoire; ce sont ses tribunaux qui sont le mieux en état d'arriver à la découverte de la vérité.

Si on écarte les détails d'application, cette idée que les tribunaux d'un pays pourraient être subsidiairement appelés à connaître de faits commis hors du territoire par des étrangers mérite d'appeler l'attention des criminalistes et des hommes d'État. On peut se demander si, dans tel cas donné, elle ne permettrait pas d'écarter de graves difficultés. Je ne donne qu'un exemple : une extradition est demandée; il y a des doutes sur le point de savoir si elle doit être accordée; l'État requérant est dans une situation troublée qui donne lieu de craindre que l'accusé n'ait pas toutes les garanties désirables d'une justice impartiale. Cependant le fait qui lui est reproché est si odieux qu'il serait fâcheux qu'il y eût impunité. Pourquoi le gouvernement requérant ne pourrait-il s'en remettre à la justice du pays de refuge et offrir de faire la preuve de la culpabilité? Cela serait possible sous l'empire du Code hongrois; n'est-ce pas un résultat qui, le cas échéant, pourrait être avantageux? J'indique ce point de vue avec beaucoup de réserve.

(1) L'article ajoutait que le droit d'expulsion était, dans tous les cas, réservé au gouvernement.

(2) Je me place au point de vue théorique; je réserve l'application des traités existants dont les dispositions pourraient être contraires.

Le Code hongrois prévoit en ces termes le cas d'un changement de nationalité : « Le ressortissant hongrois, qui a commis un crime « ou un délit, subit l'application des dispositions édictées pour les « ressortissants hongrois, quand même, depuis qu'il a commis le « fait, il est devenu le ressortissant d'un Etat étranger. — Par contre, « l'étranger qui, comme tel, a commis un crime ou un délit et qui « devient plus tard ressortissant hongrois, est régi par les disposi- « tions édictées pour les étrangers. La prescription de l'article 17 « s'étend à ce cas » (art. 10). La loi hongroise est, je crois, la seule qui règle d'une manière générale l'effet du changement de nationalité survenu depuis que le fait délictueux a été commis; il est utile d'examiner séparément les deux cas qui peuvent se présenter.

1er *cas*. Un individu était Hongrois lorsqu'il a commis à l'étranger un fait pour lequel il est justiciable des tribunaux hongrois; sa situation ne change pas parce qu'il perd la nationalité hongroise; sa nouvelle nationalité ne saurait avoir d'effet rétroactif et le dégager de l'obligation de rendre compte de sa désobéissance à une loi qui lui commandait légitimement lorsqu'il a agi. — Cette règle doit évidemment être sous-entendue dans les législations qui ne s'en expliquent pas.

2e *cas*. Un individu était étranger lorsqu'il a commis en pays étranger un crime ou délit; il devient sujet Hongrois. Sa situation ne change pas au point de vue de l'application de la loi pénale et il sera justiciable des tribunaux hongrois dans la même mesure qu'avant sa naturalisation. Seulement sa situation change en fait en ce sens que devenu Hongrois, il ne sera pas extradé par la Hongrie, c'est ce que signifie le renvoi à l'article 17.

Je ne donne pas à cette seconde solution la même approbation qu'a la première; elle me paraît, au contraire, critiquable à deux points de vue bien différents : et d'abord si à ce nouveau ressortissant hongrois on accorde les avantages de sa nationalité en ne le livrant pas au pays où il a délinqué, on doit lui en imposer les charges en le traitant comme s'il avait été Hongrois lorsqu'il a commis le fait qui lui est reproché. Si la naturalisation le soustrait à l'extradition même pour un fait antérieur, elle doit par compensation le soumettre pour ce fait à la juridiction nationale; il y aurait alors concordance entre les deux solutions; c'est ce que nous trouvons dans le Code allemand (art. 4 *in fine*), dans la législation belge (loi du 15 mars 1874 sur les extraditions, art. 10). Je reconnais que mon observation a une portée plutôt théorique que pratique, puisque le Code hongrois permet de poursuivre les étrangers d'une manière très large, quand ils ne sont pas extradés; il y a toujours cette règle qui ne me semble pas justifiée, que la poursuite ne pourra avoir lieu qu'en vertu d'une autorisation expresse du ministre de la justice. Il y a, à mon avis, un reproche plus grave à faire à la disposition et ce reproche s'adresse également à la législation allemande et à la législation belge. Elle exagère cette règle, déjà contestable dans ses termes absolus, que les nationaux sont soustraits à l'extradition et elle accorde une protection peu raisonnable à des nationaux qui ne le sont devenus que depuis un crime et peut-être dans le seul but d'éviter d'être livrés à leur ancienne patrie. Ne vaudrait-il pas mieux ne pas tenir compte de cette nationalité de fraîche date et accorder l'extradition?

Qu'il adopte l'une ou l'autre solution, le législateur doit s'expliquer et il est regrettable que nos lois ne prévoient pas cette hypothèse. Ce silence ne saurait avoir, à mon avis, d'autre conséquence que l'impunité; une Italienne a, par exemple, commis un crime en Italie; elle vient en France et épouse un Français. Nous ne pouvons pas la juger, puisqu'elle était étrangère lorsqu'elle a commis l'acte qui lui est reproché. Nous ne pouvons pas la livrer puisqu'elle est actuellement Française. Il aurait fallu insérer dans le projet de loi sur l'extradition une disposition analogue à celle qui se trouve dans plusieurs traités de la Grande-Bretagne, notamment dans celui qu'elle a conclu avec la France le 14 août 1876 : « Les nationaux respectifs, soit d'origine, soit « par l'effet de la naturalisation, sont exceptés de l'extradition ; « toutefois, s'il s'agit d'une personne qui, depuis le crime ou le « délit dont elle est accusée ou pour lequel elle a été condamnée, « aurait obtenu la naturalisation dans le pays requis, cette circon- « stance n'empêchera pas la recherche, l'arrestation et l'extradition « de cette personne, conformément aux stipulations du présent « traité (1). »

(1) Dans la discussion au Sénat (séance du 3 août 1879), le rapporteur, M. le procureur général Bertauld, a dit que, dans l'opinion de la commission, la règle qui excepte les nationaux de l'extradition devrait être entendue avec ce tempérament. Je pense qu'il aurait mieux valu modifier le texte même de la loi.

Paris. — Imprimerie Arnous de Rivière, rue Racine, 26.

DU MÊME AUTEUR :

ÉTUDE SUR LA LOI DU 23 JANVIER 1874, relative à la surveillance de la haute police, 1874.

ÉTUDE SUR LE PROJET DE RÉFORME JUDICIAIRE EN ÉGYPTE, 1875.

DE LA SUCCESSION AB INTESTAT DES ÉTRANGERS EN FRANCE ET DES FRANÇAIS A L'ÉTRANGER, 1876.

ÉTUDES SUR LES RAPPORTS INTERNATIONAUX : LA POSTE ET LE TÉLÉGRAPHE, 1877.

DE LA PROPRIÉTÉ LITTÉRAIRE ET ARTISTIQUE AU POINT DE VUE INTERNATIONAL, 1878.

INTRODUCTION A L'ÉTUDE DU DROIT INTERNATIONAL, 1879.

ÉTUDE SUR L'EXTRADITION EN ANGLETERRE (Rapport d'une Commission royale, 1878), 1879.

DES CRIMES POLITIQUES EN MATIÈRE D'EXTRADITION, 1880.

En collaboration avec M. Ch. Lyon-Caen : **PRÉCIS DE DROIT COMMERCIAL**, 1re partie, 1879.

Paris. — Imprimerie Arnous de Rivière, rue Racine, 26.

www.ingramcontent.com/pod-product-compliance
Ingram Content Group UK Ltd.
Pitfield, Milton Keynes, MK11 3LW, UK
UKHW020535230726
13925UKWH00005B/2291

9 782014 098099